# EXPOSÉ SUCCINCT

### DES

## DERNIÈRES HORREURS

### DU

## GOUVERNEMENT FRANCOIS.

# EXPOSÉ SUCCINCT

## DES

# *DERNIÈRES HORREURS*

## DU

# GOUVERNEMENT FRANÇOIS.

L'audace a tout entrepris.
La terreur a tout fait,
La peur a tout perdu.

## PAR LE COMTE DUPRAT,

MARÉCHAL DES CAMPS ET ARMÉES DU ROI DE FRANCE, PENSIONNÉ DE SA MAJESTÉ BRITANNIQUE.

## À LONDRES:

De l'Imprimerie de Cox, Fils, et Baylis, 75, Great Queen Street, Lincoln's Inn Fields,

Et se trouve chez DULAU et Co., Soho Square, et chez les autres Libraires.

Juin, 1804.

## Exposé succinct des dernières Horreurs du Gouvernement François.

La Révolution est cependant une belle chose ! D'après toutes les merveilles qu'elle a produit, le monde est heureux et vit en paix. Cette paix à la vérité prend quelquefois le masque de la guerre. Les dénominations sont changées ; elles sont aujourd'hui bien plus signifiantes qu'elles ne l'étoient autrefois. J'en citerai un exemple. Par le mot de brigands, on entendoit jadis des voleurs de grands chemins, une espèce dégradante qui commettoit les crimes les plus atroces ; hé bien, ceux-là sont par la révolution les gens d'honneur. Ceux qu'on appelle aujourd'hui brigands, sont ceux qui sont restés fidèles à leur roi, à leur religion, à leur premier serment, qui n'en ont point voulu faire d'autre, parce que l'antique honneur et leur conscience le leur défendoit. Ce sont ceux qu'un gouvernement régénérateur a proscrit, après s'être emparé de toutes leurs propriétés, brûlé leurs archives et leurs châteaux ; après avoir égorgé leurs parens, leurs amis, après les avoir eux-mêmes poursuivis par le fer et la torche incendiaire. Tels sont les brigands actuels : ce qui ne les empêche pas d'adresser continuellement des vœux au ciel, pour leur patrie, qui leur est et sera toujours chère ; ils déplorent son sort affreux, sachant que le peuple François est toujours noble et généreux, et qu'il n'a jamais cessé de l'être. Mais il gémit dans les fers, et peut-être est-il encore plus malheureux que ses frères expatriés qu'on ose appeler brigands.

Cette espèce de brigands, peu accoutumée à la dénomination qu'on veut bien lui donner, est actuellement peu nombreuse  Elle offre à Dieu, dans le silence, ses peines et ses afflictions.  La plupart sont des vieillards infirmes, et tous sont couverts de cicatrices que, dans des temps moins éclairés que celui-ci, l'on appeloit glorieuses.  Tous restent tranquilles, sans se plaindre, dans les lieux où l'on veut bien les souffrir.  Cependant, ils paroissent extrêmement redoutables au gouvernement François qui les craint plus qu'il ne craindroit l'Europe entière armée.

> Fussent-ils par delà les colonnes d'Alcide
> Leurs noms feroient trembler le tyran régicide.

Il faut donc que le ciel s'en mêle, c'est ce que nous allons voir.

Le général Murat, au moins aussi consommé dans l'art de commander les armées que pouvoient l'être les Scipion et les Annibal, et sans doute beaucoup plus habile, puisqu'il est l'un des beaux-frères du citoyen Premier Consul Bonaparte, de plus gouverneur de Paris, dit, dans son ordre général du 16 Février 1804, adressé à la première division militaire, que cinquante brigands, reste impur de la guerre civile, ont débarqué par petits pelotons et de nuit, sur la falaise de Béville, ayant à leur tête un nommé Georges, et le général Pichegru, fort connu par ses talens.  Ces brigands sont des émigrés pensionnés par le noble et généreux gouvernement Anglois, qui par une fierté peut-être déplacée, refuse de reconnoître le Premier Consul pour le maître du monde : aussi ce Premier Consul lui prodigue-t-il chaque jour de grosses injures en attendant que ses radeaux et ses bateaux plats soient prêts pour aller subjuguer toute l'Angleterre.

Enfin, ces cinquante brigands ont pénétré jusques dans Paris ; et le général Moreau, le plus habile de tous les généraux de la révolution, fort connu par sa fameuse et savante retraite, devoit aussi marcher à leur tête ; ainsi qu'un quatrième général nommé Lajolais. C'est beaucoup de généraux pour un si petit nombre de soldats. Leur projet qui n'étoit pas petit, comme on va le voir, étoit d'abord d'assassiner Bonaparte, qui ne peut être vaincu, seulement tué, parce qu'il n'est pas fils d'une déesse. Ils devoient ensuite livrer la France aux horreurs de la guerre civile et aux terribles convulsions de la contre-révolution. Les camps de Boulogne, de Montreuil, de Bruges, de Saintes, de Toulon et de Brest, les armées d'Italie, d'Hanovre et de Hollande, cessoient de commander la paix ; la gloire de la nation périssoit avec sa liberté. Heureusement, grâce à la surveillance active de la police, dix de ces brigands sont arrêtés, ainsi que les généraux Moreau et Lajolais. On est sur les traces des autres, et sur celles de Pichegru et de Georges. *Ils ont été arrêtés depuis, et Pichegru a été étranglé par ordre du Premier Consul.* Tout est dans la plus grande sécurité. Cependant, il reste encore de grandes inquiétudes. On a la certitude d'un nouveau débarquement de vingt de ces mêmes brigands ; mais toutes les côtes sont en embuscade, ils seront arrêtés. Les citoyens doivent être sans alarmes. La vie du Premier Consul durera tant qu'elle sera nécessaire à la nation ; c'est lui même qui l'a dit, nous n'en pouvons plus douter.

Il résulte donc du sublime raisonnement et du savant calcul du général Murat, qu'un seul émigré brigand, couvert de cicatrices et chargé d'années, suffiroit pour anéantir au moins dix mille de ces vaillans guerriers, qui commandent la paix ; puisque avec cinquante on détruiroit un si grand nombre d'armées, toutes des plus formidables ! Ma foi ! c'est nous faire beaucoup d'honneur. Cependant, comme il ne faut rien négliger, nous allons, d'après ce merveilleux avis, nous réunir seulement une douzaine. Nous choisirons sur le globe le climat le plus heureux, le sol le plus fertile, et nous irons y fonder un nouvel empire. Nous ne serons que douze, n'allant point en France, c'est bien assez. Nous ne trouverons point des armées qui ont subjugué le monde, et qui commandent la paix ; nous nous contenterons de commander la guerre, et nous serons les maîtres. Nous ne croirons point aux conspirations, depuis quinze ans mille et millions de fois annoncées, découvertes, et jamais prouvées. Nous rendrons les peuples heureux, nous le serons nous-mêmes ; nous serons justes, nous n'usurperons rien, et nous serons sans défiance.

Comme les grandes idées en font toujours naître de nouvelles ; souvent même de plus grandes que les premières, je prie mes lecteurs de permettre que j'en présente une qui peut-être pourroit devenir de la plus haute importance pour le gouvernement François, ce gouvernement par excellence qui fait l'admiration de l'Europe. Il faut cependant en excepter cette superbe Angleterre, qui ne daigne admirer que les grandes choses, qui se moque des platitudes qu'on prépare contre elle depuis si longtemps, et à si grands frais, sur tous les ruisseaux de la France, et qui vont se réunir à ces côtes redoutables qui la menacent. Aussi, n'est-ce pas pour elle que j'écris, mais bientôt elle sentira ce que peuvent des radeaux armés chacun d'un canon, contre ses gros vaisseaux, dont plusieurs sont armés de plus de cent. Sans doute, elle ne se flatte pas d'avoir à sa tête un Bonaparte ? Les François seuls le possédent, et le monde reçoit ses lois. Aussi que va-t-il arriver ? Ces innombrables citadelles flottantes de l'Angleterre vont servir à combler cette partie de la mer qui la sépare de la France ; et nous irons en carrosse de Calais à Douvres. Tel est le projet du Premier Consul. Je pense qu'il est assez beau.

Enfin, voici mon idée ; elle mérite la plus grande attention. On ne cesse de parler de conspirations découvertes. Moi, qui suis par caractère très-crédule, je crois à toutes, quoique nulle n'ait encore été prouvée ; n'importe, c'est imprimé dans le journal officiel de Paris, je crois. On dit aussi qu'on vouloit mettre tout en insurrection, et livrer la France aux terribles convulsions de la contre-révolution. Je crois encore.

Pour bien se faire entendre, il faut présenter les choses d'une manière claire, et surtout être conséquent dans ce qu'on dit.

Un des grands personnages de la révolution, ce héros qui dort quand le crime veille à la porte de son roi qu'il veut défendre ; cet homme d'un génie si transcendant, que chaque jour l'horrible Condorcet lui dictoit son thème pour le débiter à l'assemblée ; ce grand général, monté sur un cheval blanc, qui fuit dès que l'ennemi paroît ; pour tout dire enfin, le citoyen Lafayette a dit en plein sénat, sénat des plus augustes : c'étoit toute la nation, représentée par ses députés aux états-généraux ; "que " l'insurrection est le plus saint des devoirs." Mes deux oreilles l'ont entendu ; tous les échos de l'Europe n'ont cessé de le répéter ; on le voit imprimé par tout ; d'où je conclus, qu'il faut le guillotiner sur le champ, ou applaudir à l'insurrection. Voici ma conséquence.

La révolution ne s'est faite qu'afin de régénérer les François, tel est le mot technique. Or tous les principes de cette révolution ayant été développés avec tant d'art et d'éloquence, ils doivent nécessairement être à jamais immuables ; ou bien ceux qui les ont établis se sont trompés: il n'y a pas de milieu. S'ils ne pouvoient se tromper ainsi que je le crois, je crois même qu'ils étoient aussi infaillibles que l'est notre très-saint père le Pape Pie VII., qui a donné sa sanction de la manière la plus formelle à cette divine révolution. Il ne faut donc pas s'étonner que le peuple François, imbu de ces si sages et si salutaires principes, ne soit jusqu'à la fin des temps dans une insurrection continuelle; tous voulant tendre à la perfection, ce qui est très-naturel. S'il est au contraire reconnu que l'insurrection, bien loin d'être le plus saint des devoirs, est le plus grand de tous les crimes, d'où tous les autres dérivent, il faut guillotiner sur le champ le Pape Pie VII. qui a délié les François du serment de fidélité qu'ils avoient fait à leur roi, exigeant d'eux de le prêter au gouvernement révolutionnaire qui l'a détrôné et égorgé ; ce qui doit plonger toute la chrétienté dans l'hérésie la plus affreuse. Il faut guillotiner tous ces monstres qui prêchoient cette horrible maxime à tous les coins des rues ; il faut guillotiner tous ceux qui se sont révoltés et revenir sous l'obéissance de son roi légitime, ou bien l'on se révoltera toujours. La conséquence est juste ; il n'y a pas à tergiverser.

### De la Conspiration.

La conspiration, est-elle une vertu ? est-elle un crime ? Je ne veux point décider ; mais j'affirmerai, qu'elle est aujourd'hui ce qu'elle fut toujours. Sa signification ne peut absolument varier. Si elle est une vertu, de quoi se plaint le Premier Consul ? Les François, dont il ne cesse de dire qu'il est l'idole, ne font que suivre l'exemple qu'il a donné

lui-même ; car s'il n'avoit conspiré, il ne comman-
deroit pas au monde. Si elle est un crime, il faut
guillotiner tous ceux qui ont conspiré contre Louis
XVI. On a, dit-il, attenté à sa vie ; ce n'est pas
bien. Il faut qu'il vive libre jusqu'à la fin, dans une
cage de fer sous un égout de fumier, avec une
couronne et des faisceaux de Gaules, pour que les
passans puissent le gauler. Mais pour prévenir de
pareils attentats, il faut faire un exemple terrible de
tous ceux qui ont contribué à la mort du roi.

Tout le monde se rappelle cette nuit à jamais
exécrable du 5 au 6 Octobre 1789, où vingt mille
assassins, commandés par Lafayette, se portèrent de
Paris à Versailles, pour assassiner le roi, la reine et
toute la famille royale. Ce trop infortuné prince
fit demander aux états-généraux qui étoient assem-
blés, et fort près du château, de lui envoyer seulement une députation pour contenir ces assassins et
protéger ses jours. Mirabeau, l'oracle de cette
assemblée, dit, que si le monarque périssoit, que le
vaisseau de l'état n'en arriveroit que plus sûrement
au port. Il est donc démontré qu'il faut que le
chef de la nation périsse afin de sauver la nation !
Si au contraire c'est un crime de faire mourir le
chef, comme on ne peut guillotiner Mirabeau, (il est
aux enfers) il faut faire guillotiner sur le champ tous
ses collègues qui seront encore en vie qui ont applaudi
à ce système, ainsi que tous ceux qui jouissent des
dépouilles de cet infortuné monarque, devenant par
cette jouissance usurpée, les complices de ses bourreaux.

Bonaparte dit, qu'il est le chef suprême de
l'état, que par conséquent sa vie est sacrée. Celle
de tous les hommes doit l'être. Mais si celle de
Louis XVI. qui j'espère étoit chef de l'état, de
plus, chef légitime, *et peut-être de meilleure maison
que lui,* n'a pas été sacrée pour ses propres sujets,

les François ne diront-ils pas que celle de Bonaparte ne sauroit l'être pour des hommes libres, auxquels il est étranger, et qui dans aucun cas ne peuvent être ses sujets ? Je crois cet argument sans réplique. Il est donc très-naturel de penser que les droits de l'homme, si heureusement établis en France, laisseront arriver sûrement le vaisseau de l'état au port.

Prouvons maintenant que Bonaparte a le plus grand tort de se dire Premier Consul, de se dire chef de la nation et de lui donner des ordres en conséquence ; aucune de ces qualités ne lui appartiennent. Il ne peut et ne doit donner aucun ordre. Les François sont tous égaux. S'ils sont tous égaux, ils ne peuvent recevoir d'ordre, ni reconnoître un premier. S'il est un premier, il est nécessairement des inférieurs. Alors que devient cette égalité pour laquelle on a répandu tant de torrens de sang ? Si la conséquence n'est pas juste, on a donc trompé le peuple. On le trompe encore : ceux qui l'ont trompé, ceux qui le trompent méritent la mort.

Il n'est point le chef de l'état : qui dit chef, et surtout comme il le prétend chef suprême, dit nécessairement maître, il ne sauroit l'être. La révolution ne s'est faite qu'afin d'affranchir la nation de toute espèce de joug. Il ne doit point avoir aucune distinction parmi les citoyens ; il ne peut avoir de garde auprès de sa personne, puisqu'il seroit regardé comme le premier ; ce qui ne se peut dans un état où tous sont égaux ; il ne doit avoir aucune suite, puisque sa suite est autant que lui. Ne seroit-il pas d'un ridicule extrême, de voir un sans-culottes avoir des gens à livrée ? quand toute la nation a tant crié contre ce luxe, et qu'elle s'est déclarée nation des sans-culottes, dont tous les ans on célèbre la fête appelée des sans-culottides.

Si l'on sort de ce principe si bien établi chez les François, il ne valoit ma foi pas la peine de changer de maître. Celui qu'ils avoient valoit infiniment mieux que celui qu'ils ont ; ne soyons donc plus étonnés, si les insurrections se multiplient tous les jours à l'infini : et je vois que c'est dans ce moment qu'on en reconnoîtra plus que jamais toute la sainteté ; d'autant mieux, que par ce changement la France a perdu tout son commerce, toutes ses colonies, cinquante mille hommes qu'elle y avoit envoyé pour les défendre ; et que l'Europe entière va fondre sur elle pour se venger des outrages sans nombre qu'elle a reçu de la part de ce Premier Consul, et des violations qu'il s'est permis. Celle qu'il vient de faire tout récemment est des plus graves. Elle attaque généralement tout l'empire : c'est une déclaration de guerre à toutes les puissances de l'univers, au genre humain ; c'est ce que nous allons prouver.

Depuis que les hommes sont civilisés, a-t-on jamais vu qu'une puissance ait envoyé une force armée, et de nuit, chez une autre puissance avec laquelle on n'est point en guerre, sans au préalable avoir obtenu son agrément ? Bonaparte, qui croit devoir tout se permettre, et qui effectivement se permet tout, vient d'en donner le premier exemple : lui qui ne cesse de parler du droit des gens ; lui qui le viole impunément dans toutes les occasions qui se présentent, a envoyé, je le répète, de nuit, douze à quinze cent hommes, tant infanterie que cavalerie, dans les états de Son A. S. E. de Bade, pour se saisir de cinq à six malheureux émigrés qui, sur la foi des traités, s'étoient retirés dans cette partie de l'empire Germanique. Ces émigrés sont vieux, infirmes, fort retirés, vivant tranquillement des secours que l'Angleterre, toujours noble, veut bien leur accorder.

C

Son Altesse Sérénissime Mgr. le Duc d'Enghien, Prince du sang des Bourbons, digne petit-fils du grand Condé, héros rempli d'honneur, doué de toutes les vertus d'un vaillant et loyal chevalier, incapable de jamais se prêter en rien de ce qui pourroit être au dessous du nom qu'il porte, est aussi arrêté de la manière la plus atroce, par ce gouvernement toujours altéré du sang des Rois dont il voudroit en tarir la source dans les quatre parties du monde ! par ce gouvernement, toujours imbu des principes établis dès le commencement de la révolution, qui ne cesse d'annoncer des conspirations sans jamais en prouver une seule ! qui tient toujours le même langage ; qui, chaque jour, fabrique, dans son cabinet à Paris, de plates adresses, qu'il fait arriver des provinces ; qui avance des faits, avec tant de méchanceté, tant de bêtise, que, précisément il démontre à la plus grande évidence, la fausseté de tout ce qu'il veut persuader.

Enfin, le Duc d'Enghien est arrêté sur le territoire de l'Empire. Tout l'Empire ne se trouve-t-il pas offensé par cette violation ? L'Empereur d'Allemagne en est le chef suprême, et membre en même temps ; le Roi de Prusse en est aussi membre, l'Empereur de toutes les Russies y possède des états ; les Rois de Suède et de Dannemark y en ont aussi. Toutes ces grandes puissances ne sont-elles pas insultées ? Tout l'Empire Germanique ne faisant qu'un corps, peut-on en offenser une partie, sans en offenser le tout ? Est-il un seul Souverain de ce grand corps qui ne doive concourir par tous ses moyens à sa défense, et venger l'outrage fait à l'un de ses membres, quand il rejaillit sur tous ? Ce n'est point ici la personne qui est outragée, c'est tout le corps de l'Empire.

Est-il un Potentat sur la terre, qui puisse voir, sans indignation et sans courroux, cette violation faite, avec tant d'insolence, par un gouvernement, qui ordonne de jurer, de haïr tous les Rois? qui, déjà en a fait périr plusieurs? Est-il un seul indivi-du sur la surface du globe, qui puisse voir sans ef-froi, que l'homme n'a plus d'asile sur la terre? Puisque des malheureux qu'on a proscrit, pour avoir montré quelques vertus, auxquels on a pris généra-lement tout ce qu'ils possédoient, sont arrêtés contre le droit des gens, contre la foi de tous les traités, dans les pays mêmes qui sont en paix avec la France, et où l'on veut bien les souffrir!

Ces malheureux sont dispersés dans toutes les parties du monde, ils ne disent rien, ils ne se mêlent de rien, gémissent en secret sur leur infortune; et ce gouvernement tyrannique, jaloux de l'air qu'ils respirent, ayant reconnu lui-même, dans sa propre constitution, que les émigrés ne sont plus des Fran-çois, qu'ils sont étrangers à la nation, que, par con-séquent, ils le sont à ses lois qui ne peuvent les at-teindre nulle part; et, cependant, il les fait arrêter dans les pays qui ne sont point sous sa domination, et il exige des Souverains de renvoyer de leurs états ceux qui peuvent lui échapper! Il n'est donc plus d'asile sur la terre pour des sujets fidèles! Il n'en est donc plus pour personne, puisque personne n'est à l'abri d'un malheur imprévu, qui le forcera de s'expa-trier! Voilà les droits de l'homme décrétés par ce gouvernement qui fait l'admiration de l'univers. Ceux des tigres sont mille fois préférables.

Tout ce qui part du gouvernement François, est toujours marqué au même coin de la fureur qu'il a manifesté dès le commencement de la révolution, et toujours avec aussi peu d'art, mais peut-être en-core plus de méchanceté. Après s'être déchaîné contre M. Drake, ministre plénipotentiaire de Sa Majesté Britannique, près la cour de Bavière, en termes que, véritablement, les poissardes et les crocheteurs trouveroient indignes d'eux, dit que ce ministre entretient, depuis quatre mois, une correspondance avec des agens envoyés, payés, dirigés par lui, au sein de la république, pour y commettre des crimes que les législations les plus indulgentes punissent partout du dernier supplice.

(*Nota.*) Aucun de ces crimes n'est prouvé, jamais on ne les prouvera ; et c'est ainsi que ce prétendu gouvernement a toujours fait, ne cessant d'imputer des crimes qui n'ont jamais existé, quand lui-même ne cesse d'en commettre d'atroces, et toujours inutiles, même à ses propres desseins.

On reproche à M. Drake d'avoir voulu renverser le gouvernement actuel de France ; et, pour y parvenir, d'avoir voulu tâcher de connoître, par ses agens, les plans de l'ennemi, d'établir des correspondances sûres dans les différens bureaux, de faire sauter les fabriques de poudre, d'avoir à sa disposition des imprimeurs et graveurs, d'avoir une connoissance exacte des différens partis en France et surtout à Paris, de tâcher de désorganiser les armées, soit au-dehors, soit au-dedans : Il importe fort peu, dit-il encore à ses agens, par qui l'animal soit terrassé, il suffit que vous soyez tous prêts à joindre la chasse. On lui reproche encore d'inviter ses agens de tâcher de tirer d'embarras ceux des associés de Georges qui pourroient se trouver dans le cas d'y être. Voici les réflexions qui se présentent très-naturellement.

La guerre fut toujours regardée comme le plus terrible des fléaux ; on ne se la fait point pour se caresser, ses principes tendent tous à la destruction; et, pour y parvenir, l'on emploie le fer, le feu, on livre de sanglans combats, dans lesquels même il arrive quelquefois que l'on ne fait point de quartier. Je sais qu'elle a cependant ses lois dont un ennemi généreux ne se départ point lorsqu'il a vaincu ; je sais aussi que tout ce qui porte le caractère de l'atrocité, est indignement rejeté par de nobles guerriers. Mais de chercher à connoître les plans de l'ennemi, de le faire tomber dans le piége qu'il vouloit tendre à son adversaire, de lui en tendre même de nouveaux, de tâcher de le surprendre, de lui donner le change, de le prévenir en tout, d'avoir des espions dans ses bureaux, dans le conseil, dans l'intérieur du pays, de connoître les différentes opinions de ce pays, de tâcher de gagner les armées, faire sauter des fabriques, des magasins à poudre, tout cela n'est que l'a b c du métier. Je ne vois donc point encore de crime dans tous ceux qu'on impute si bêtement et si méchamment à M. Drake, pas même d'inviter ceux qui sont dans son secret à se prêter de mutuels secours, puisque tous doivent tendre au même but, et tâcher d'éviter de se compromettre les uns par les autres.

Je demande maintenant, veillons-nous ? sommes-nous dans un état de léthargie ? ou sommes-nous tout à fait fous ? La question n'est pas du tout déplacée. Comment ! de lâches révoltés qui ont renversé, sans contredit, le plus beau de tous les gouvernemens, *légitimé par quatorze siècles*, qui l'ont renversé par des crimes épouvantables sans qu'aucune puissance s'y soit opposée, elles paroissoient même s'y prêter, quoique ce renversement les menaçoit toutes ; et ces mêmes révoltés osent se plaindre hautement de ce qu'on cherche à détruire le brigandage qu'ils ont mis à la place, pour tâcher, s'il se peut, de rétablir un meilleur ordre de choses ! et l'Europe paroît attendre que le gouvernement Anglois, qui montre la plus grande énergie, les plus grandes vertus, qui se couvre de gloire, se justifie d'avoir voulu la tirer elle-même du plus vil esclavage dans lequel elle est prête à tomber ! quand l'univers se couvre d'opprobre aux yeux de la postérité, si tous ne concourent à culbuter ce monstrueux assemblage dont l'existence dégrade l'humanité et déshonore le siècle dans lequel nous vivons.

Enfin, cet infernal gouvernement ose avancer que soixante millions sont en dépôt chez les ministres Anglois près les Cours de Bavière et de Stutgardt ; ce dernier se trouve aussi impliqué, pour payer des assassins, afin d'assassiner ce dieu de la terre, le Premier Consul, et d'opérer la contre-révolution. Il cite pour preuves évidentes de ce qu'il avance avec tant de bruit, cette prétendue correspondance de M. Drake avec ses agens, qui sont, dit-il, très-nombreux à Paris ; et citant cette même correspondance, vraie ou fausse, il ne s'aperçoit pas qu'elle est des plus insignifiantes, qu'elle ne dit absolument rien. Comment peut-on donc se flatter de convaincre par de semblables preuves, et quel en doit être le but ?

L'on n'y avoue que quelques centaines de louis de frais jetés au hasard, ce qui est très-permis à la guerre ; c'est bien loin de soixante millions ! quelle pitié ! et l'on souffre la circulation de pareils écrits ! et l'on ne permet pas qu'on les réfute ! s'il eût été permis de les réfuter, cet ouvrage auroit paru dès le commencement de ces horreurs. La postérité le croira-t-elle ? C'est aussi bien du monde dans le secret pour assassiner un seul homme, preuve encore certaine que le projet n'a jamais existé. Faudroit-il donc tant de façon pour s'en débarrasser, si l'on le vouloit bien ? On a raison de comparer cette action à la machine infernale qui devoit faire sauter la moitié de Paris, par la quantité de poudre que l'on y avoit employé. Peut-on articuler de pareilles absurdités pour dire seulement qu'on vouloit faire périr le Premier Consul, qui devoit passer au retour de l'opéra par une rue que l'on désigne ; mais heureusement ses gens, ayant prévu la chose, firent passer son carrosse si vite qu'on n'eut pas le temps de mettre le feu à la machine ; n'étoit-ce pas une expédition bien concertée ? Falloit-il tant de train pour se défaire d'un tyran ? C'est ainsi cependant que tous les papiers publics en ont parlé dans le temps ; c'est ainsi que, chaque jour, l'on débite des conspirations aussi vides de sens. Il faut assurément que ce monstrueux gouvernement croie les peuples et bien stupides et bien crédules : ils le sont beaucoup, à la vérité, mais je ne pensois pas qu'ils le fussent à ce point. Quelle abomination ! grand Dieu ! de voir des gens couverts de tant de crimes, des gens qui ont renversé tout ordre social, égorgé leur Roi, avec lui trois millions de ses plus fidèles sujets, criant, ou pour mieux dire, hurlant dans cet épouvantable moment, que c'étoit ainsi qu'il falloit traiter tous les potentats de la terre ; plusieurs ont été les victimes de leur brutale fureur, notamment le grand Gustave, Roi de Suède ; la grande Catherine, Impératrice de toutes les Russies ; l'Empereur Léopold ; le Roi d'Etrurie !... Quelle abomination ! de voir enfin les gens qui ont volé toutes les propriétés, ne connoissant rien de sacré pour eux, et qui veulent encore persuader à l'Europe outragée qu'elle ne peut, sans crime plus affreux que les leurs, se venger de tant d'outrages reçus ! et l'on peut admirer et défendre de tels hommes ! que deviendront tous les empires ? Si l'on ne se hâte d'en purger la terre, n'importe par quels moyens ! ...... Ne les ont ils donc pas assez légitimés tous ? Ont-ils encore des droits aux lois de l'humanité, eux qui les ont toutes violées ? .... Ne sont-ils pas mille fois plus féroces que les tigres les plus dévorans que l'on tue comme on peut ? Peuvent-ils réclamer le droit des gens quand ils ne le connoissent pas ? ....

L'on avance encore, que le gouvernement Anglois a envoyé à M. Drake un homme sur lequel il pouvoit établir toute sa confiance pour les opérations projetées. C'est le comble de l'absurdité et de l'atrocité. Tout le monde sait que toute cette trame s'est ourdie à Paris dans le propre cabinet de Bonaparte. Celui-ci sentant que son projet d'invasion étoit aussi ridicule que sa personne, qu'il étoit au bout de toutes ses fanfaronnades ; qu'enfin l'Europe entière alloit ouvrir les yeux, ainsi que les François eux-mêmes qu'il trompe depuis si long-temps ; craignant qu'après avoir été l'objet de leur admiration, il en devienne celui du mépris et de l'indignation ; il a voulu détourner l'attention publique de ses plates chimères, pour la fixer entièrement sur de nouvelles conspirations. Mais ses atrocités sont si grossièrement conçues, que nécessairement elles doivent tourner contre lui, et peut-être plutôt qu'il ne pense ; ou bien croyons à la fin du monde, ou du moins à la fin de toute société.

L'homme dont il est question ci-dessus, soi-disant Polonois, qui je crois ne l'est pas, a été envoyé à Londres par le Premier Consul, afin de tâcher s'il le pouvoit de persuader au gouvernement Anglois, le plus éclairé et le meilleur politique de l'Europe, qu'il lui étoit entièrement dévoué, et qu'il avoit en horreur celui de France, assurant aussi que les François en étoient horriblement fatigués. *C'est ce que je crois.* Qu'il avoit des intelligences sans nombre en France, et qu'il seroit facile d'opérer la contre-révolution. *C'est ce que je crois encore, mais il faudroit s'y prendre d'une toute autre manière que celle dont on s'est servi jusqu'à présent.*

Enfin cet homme auquel on fait jouer un rôle aussi plat que toutes les platitudes nouvellement inventées, à peine arrive t-il à Paris, qu'il va déclarer à la police tout le projet de la conspiration.

Cet acte seul ne décèle-t-il pas la source dont il part? cette démarche, il faut en convenir, n'est nullement habile, ni faite pour convaincre. Cette finesse n'est point adroite, le stratagème est trop grossier. L'on auroit de la peine à reconnoître dans ce trait lumineux l'esprit pénétrant des François; aussi n'est-ce qu'un très-petit Corse qui l'a inventé. Tout démontre donc que c'est uniquement l'ouvrage de ce Premier Consul, et je pense qu'il ne trouvera pas beaucoup de rivaux jaloux de partager ce nouveau genre de gloire.

Tombe-t-il sous les sens d'imaginer qu'on se servira d'un aventurier inconnu, par conséquent sans patrie, qu'on fait arriver de la Pologne, pour jouer un rôle aussi bizarre, dépourvu de toute vraisemblance, pour fixer l'attention de l'Europe! La postérité verra-t-elle sans étonnement la stupidité du siècle dans lequel nous vivons? Voilà cependant, les moyens dont on s'est servi pour faire la révolution; voilà ceux que l'on emploie depuis quinze ans. L'on doit se rappeler que dès ses commencemens l'on soutenoit avoir vu des régimens de hussards escadronner dans les égouts de Vincennes à Paris pour venir reprendre la Bastille. Le peuple le crut; on l'inséra dans tous les journaux; l'Europe en fut épouvantée; et le monde aujourd'hui reçoit des lois de ce même gouvernement qui suit constamment les mêmes principes, qui ne connoit que la terreur pour se faire craindre, admirer et obéir! Grand Dieu! qu'est-ce que c'est que l'homme? c'est le plus sot de tous les animaux; il est douloureux de l'articuler.

Afin de donner quelque espèce de vraisemblance à cette conspiration inventée par Bonaparte contre sa propre personne, il fait arrêter à Munich, sous les yeux de Son A. S. E. de Bavière, l'évêque de Châlons, assurant que les preuves les plus convainquantes de sa complicité arriveroient incessamment. Ce digne et respectable prélat est mis sur le champ, et sans autre forme, en état d'arrestation, sans lui laisser seulement entrevoir quel peut en être le motif. Deux officiers de la police de cette résidence sont chez lui dans sa chambre; ils ne le quittent ni le jour ni la nuit, il n'est pas seul un instant. Il y a quatre mois que les choses existent ainsi, et les prétendues preuves n'arrivent point. L'histoire offre-t-elle des événemens semblables? Si cette révolution est féconde en nouveautés, certes ce n'est pas du tout dans le genre noble.

Il seroit véritablement fastidieux de trop s'arrêter à prouver que ce gouvernement n'a jamais avancé de fait qui soit vrai, pour justifier les atrocités sans nombre que chaque jour il commet. Tout ce qu'il donne pour constant, porte avec lui le caractère le plus évident de la fausseté, et le présente encore de la manière la plus absurde.

Il fait publier dans son journal officiel du 5 Avril 1804, un extrait de Londres daté du 15 Janvier de la même année, portant : " que les Lords Commissaires de la Trésorerie ont ordonné que tous les officiers-généraux, émigrés François, qui voudroient se rendre sur les frontières du Rhin, jouiroient d'un traitement de 5 shellins par jour ; les colonels, lieutenans-colonels et capitaines de 3 shellins ; les officiers subalternes d'un et demi ; les nobles à pied et à cheval d'un. C'est en conséquence, dit-il, de cette ordonnance, qu'à Offembourg et autres petites villes frontières de l'Allemagne, il s'étoit fait une réunion de ce vil reste d'émigrés devenus la honte et le déshonneur de la nation." *L'on reconnoît aisément à ces épithètes données à la vertu, le style des laquais, des crocheteurs devenus les maîtres.* Tu le veux, grand Dieu ! Ce seul article enfin est tellement odieux, tellement faux, qu'il doit à lui seul prouver la monstruosité de ce gouvernement, qui s'est fait une loi (la seule qu'il suit) de ne jamais articuler une vérité ; puisqu'il n'y a pas d'individu en Europe qui ne sache que ce traitement, *qui est une pension*, est accordée, il y a trois ans, par le plus magnanime des souverains, le Roi d'Angleterre, lors du licenciement du corps de Condé ; et telle est toute notre existence. L'univers le sait; aussi quelle est et quelle doit être notre reconnoissance envers ce monarque si bienfaisant, et ce gouvernement si noble et si généreux !

Il y a de ces pensions en Russie, en Pologne, en Autriche, en Prusse, à Constantinople, je crois qu'il y en a en Chine ; enfin ce grand roi a eu la bonté et la générosité de l'accorder pour que l'on puisse en jouir également dans tous les lieux, excepté seulement dans les pays qui seroient en guerre contre l'Angleterre. Ce seul trait ne porte-t-il pas avec lui la conviction de la fausseté de tout ce que ce prétendu gouvernement cherche à prouver, pour autoriser les horreurs qu'il ne cesse de commettre ? Comment peut-on avancer des faits aussi faciles à démentir ? comment peut-on dire que c'est en conséquence de ce traitement que s'étoit faite sur le Rhin la réunion de ces émigrés, quand le pays lui-même sait et peut attester qu'il n'y en étoit point arrivé un seul de plus que ceux qui s'y trouvoient déjà établis depuis si long-temps, et qui se bornoient à 5 ou 6. C'est tout ce qu'ils y ont eux-mêmes trouvé ; c'est cependant par de pareilles manœuvres, par de pareils mensonges, que ces assassins des rois en imposent depuis si long-temps à l'Europe, et qu'ils la tiennent sous le joug !

C'est par des traits semblables que Bonaparte croit pouvoir parvenir à détourner l'attention du public de son projet d'invasion, le plus extravagant

qu'on ait jamais formé ; c'est par de pareilles absurdités qu'il croit pouvoir justifier la férocité de son
caractère, mille fois plus atroce que celui de son
prédécesseur Robespierre. Celui ci du moins se
montroit toujours tel qu'il étoit ; tous pouvoient s'en
défier, tous pouvoient lui donner la mort, et ses
fureurs ne s'étendoient pas au-delà des bornes de
l'empire qu'il subjuguoit. Bonaparte les étend sur
toute la surface du globe dont il voudroit se rendre
le maitre ; de plus, il affecte quelquefois de vouloir
se couvrir du masque d'un grand homme, quand il
reste toujours petit dans tout ce qu'il fait, et toujours plus odieux, n'ayant pu vaincre à la tête de
ses nombreuses armées ce jeune héros, le Duc d'Enghien, qui commandoit seulement l'avant-garde du
corps de Condé, il en devient l'assassin !. . . Qu'on
ne taxe point cet ouvrage de libelle, il ne sauroit
être regardé comme tel. Un libelle est une ca-
lomnie injurieuse, pour l'ordinaire anonime. Ceci,
c'est l'exposé de tristes et terribles vérités connues
du monde entier : malheur à qui ne les sent pas, et
qui ne partage point l'horreur qu'elles inspirent !
On ne peut donc employer le style héroïque pour
peindre une action aussi lâche ?

Enfin, ce Bonaparte envoit, *de nuit*, quinze cents
hommes, qu'il choisit parmi ceux qui lui sont le
plus affidés. Je pense que l'armée se seroit refusée
à cet horrible forfait. Il les envoit sur le territoire
de l'empire à Ettenheim, près de Strasbourg, dans
les états de Son A. S. E. de Bade, avec lequel il
n'est point en guerre, afin de se saisir de cet au-
guste mais trop infortuné prince. On le prend à
minuit dans son lit ; on le charge de fers, on le tra-
duit sur le champ à ce même Strasbourg, d'où l'on
le conduit à Vincennes, près de Paris, où il arrive
à 2 heures du matin le 21 Mars, horriblement fa-
tigué. Ses bourreaux assassins l'attendoient ; à 2

heures dans la même nuit il n'existe plus! **Ma plume tombe de mes mains, mes cheveux s'hérissent sur ma tête !**

Voici l'espèce de forme qu'ils ont employé pour le juger ; je la copie littéralement d'après le journal officiel de Paris du 22 Mars 1804. Je ne souillerai point cet ouvage du nom de ces assassins qui doivent être accolés à la liste des monstres régicides qui ont voté le massacre de Louis XVI., pour être comme eux, à jamais en exécration au genre humain. Ce sont tous gens obscurs choisis par l'horrible Murat, digne beau frère de Bonaparte, pris dans la fange la plus bourbeuse, cependant revêtus des premiers grades militaires. Mais dans cette liste doit être aussi compris l'infâme Caulaincourt, qui, d'homme de qualité qu'il étoit, s'est rendu le bas valet du Premier Consul. C'est lui qui s'est chargé de porter l'ordre pour arrêter le prince, et de diriger la marche de la colonne.

En vertu, disent-ils, de l'arrêté du gouvernement daté de la veille, 20 Mars, ces horribles scélérats réunis au château de Vincennes dans le logement du commandant : le prince est introduit *libre et sans fers*. Telle est la liberté qu'offre le gouvernement François : entouré d'une garde nombreuse, composée de ce qu'il y a de plus vil ; devant sept assassins qui dans moins d'une heure vont prononcer son arrêt de mort! et le ciel ne tonne pas !... et l'univers ne se réunit point pour débarrasser la terre de monstres semblables ! Croyez-moi, les maitres du monde, votre tour arrivera bientôt.

Enfin, on l'accuse : 1º d'avoir porté les armes contre la République Françoise ; 2º d'avoir offert ses services au gouvernement Anglois, ennemi du peuple François ; 3º d'avoir reçu et accrédité près de lui des agens du gouvernement Anglois, de leur avoir procuré des moyens de pratiquer des intelligences en France, et d'avoir conspiré avec eux contre la sûreté intérieure et extérieure de l'état ; 4.º de s'être mis à la tête d'un rassemblement d'émigrés François et autres, soldés par l'Angleterre, formé sur les frontières de la France, dans les pays de Fribourg et de Bade ; 5°. d'avoir pratiqué des intelligences dans la place de Strasbourg, tendantes à faire soulever les départemens circonvoisins, pour y opérer une diversion favorable à l'Angleterte ; 6ª. d'être l'un des fauteurs et complices de la conspiration tramée par les Anglois contre les jours du Premier Consul, et devant en cas de succès de cette conspiration, entrer en France.

Tels sont les chefs d'accusation portés contre lui. Voyons-les chacun en particulier. Je dis, 1.º qu'il n'a pu porter les armes contre la république Françoise, puisque la république n'existe pas, qu'elle n'a jamais existé, qu'elle ne sauroit exister. Que nul ne peut sans honte la reconnoître, que d'ailleurs ce seroit une vertu de rétablir la monarchie et le trône des Bourbons, que d'insignes brigands ont renversé par des crimes qui dégradent l'humanité. 2.º Le gouvernement Anglois n'est point l'ennemi du peuple François, il l'est de ces monstres féroces qui le gouvernent ! de ces monstres que l'univers doit avoir en horreur, ainsi que les François eux-mêmes, qui sont le peuple le plus malheureux de la terre par les horribles vexations de tous les genres qu'on exerce sur eux. 3.º Il n'a ni reçu, ni accrédité près de lui des agens du gouvernement Anglois, puisqu'il est prouvé qu'il n'y en avoit pas : il n'a donc pu non plus leur procurer des moyens de pratiquer des intelligences en France, ni conspirer avec eux contre la sûreté intérieure et extérieure de l'état. 4.º Il n'a pu se mettre à la tête d'un rassemblement d'émigrés François et autres soldés par l'Angleterre, puisqu'il est démontré qu'il n'y avoit personne. Si le fait eut existé l'Europe entière l'auroit su ; le Prince auroit eu bientôt une armée, tant le monde est rempli des mécontens que chaque jour le Premier Consul fait. 5.º Il n'a point pratiqué des intelligences à Strasbourg, elles eussent été complètement inutiles, n'ayant point d'armée. Il étoit seul à Ettenheim avec deux ou trois de ses gens, n'entretenant de correspondance avec qui que ce puisse être, ne s'occupant uniquement que du seul plaisir de la chasse : d'ailleurs, où sont les preuves de ce fait si impudemment avancé ? Le sixième et dernier chef d'accusation, n'est digne que de ses bourreaux. Le Prince savoit vaincre en héros les armes à la main. Bonaparte et ses complices, ne savent qu'assassiner et mentir. La conspiration est démontrée absolument fausse, elle est bètement et méchamment inventée par le Premier Consul. Ce sont de ces ouvrages dignes de lui.

Il est donc de la dernière évidence que tout ce qu'ils imputent à ce Prince est absolument faux, toute la rive droite du Rhin le sait ; elle ne peut se dispenser de l'attester hautement, ou bien elle partage le crime. Son A. S. l'Electeur de Bade, chez lequel le Prince fut arrêté, sait parfaitement qu'il ne s'est fait aucun rassemblement dans ses états ; Sa Majesté le Roi de Suède, digne fils et successeur du Grand Gustave, qui depuis long-temps loge dans sa résidence le sait aussi. S. A. S. l'Electeur de Wurtemberg, très-voisin, ne l'ignore pas non plus. Enfin tout le corps Germanique, offensé par cette violation de son territoire, doit attester aussi que tous ces faits imputés sont absolument controuvés. Comment peut-on donc pousser l'impudence au point de former de tels chefs d'accusation contre ce jeune Prince ? Quand tous peuvent les démentir ! Ils le sentoient si bien eux-mêmes ces horribles bourreaux, que rendant leur affreux jugement au nom du peu-

ple François, ils se sont bien gardés d'en instruire
ce même peuple ! Ils le jugent dès qu'il arrive, le
condamnent, l'exécutent dans la même nuit, dans
un château écarté dans la campagne, sans ouïr aucun
témoin quelconque, il ne pouvoit y en avoir, et le
tout se termine à huis-clos dans l'espace de trois
heures. Ils ne rendent nul compte des réponses de
cet infortuné Prince, et nul n'est instruit de son sort,
que lorsqu'il n'existe plus ! N'est-ce pas l'ouvrage
des plus lâches assassins ? Quelles seront donc les
expressions dont on pourra se servir pour caractéri-
ser de tels hommes ! Bonaparte lui-même n'en
est-il pas le chef, ainsi que son exécrable beau-frère
Murat ?

Le voilà donc enfin ce Premier Consul tant
vanté par ses humbles valets ! tant admiré de l'Europe qui le craint quoiqu'il n'ait aucune des qualités qui puissent le rendre redoutable, si ce n'est par
le poison, l'assassinat et la trahison ! Le voilà cet
homme qui commande la paix ! Cet homme, qui
de sang-froid commet le crime le plus noir, le plus
affreux, le plus réfléchi, inutile même à ses détes-
tables projets ! et c'est dans ce moment qu'il se dé-
clare Empereur des Gaules ou de sa prétendue république, et Roi de Lombardie ! Quelle affreuse Majesté !
digne tout au plus des tréteaux de la foire. Quelle
affreuse profanation du sceptre !..... Quoi ! l'assassin des Rois, voudroit être Roi !.... L'univers
verroit-il sans indignation et sans courroux, couron-
ner cet odieux mortel devenu la honte des nations !
Souverains de la terre, si vous lui laissez consom-
mer ce dernier crime ; si vous le reconnoissez dans
cette nouvelle usurpation, dites donc à tous vos
sujets : " Le monstre le plus sanguinaire de mes états
qui voudra se faire Roi, n'a qu'à plonger son poi-
gnard dans mon sein ; et foulant à ses pieds mon
cadavre royal encore palpitant, qu'il en fasse le pre-

mier échelon pour monter sur mon trône !" Je vous le répète, ce dernier trait tend à renverser tous les empires.

Au moment qu'il veut fixer l'attention de l'Europe sur une conspiration qu'il invente contre sa personne ; c'est lui seul qui conspire contre le pur sang de ses Rois ! Le voilà cet horrible épouvantail ! Le voilà tel qu'il est ! c'est lui-même qui se met en évidence, et chacun peut l'apprécier sa juste valeur. J'espère que bientôt les François mêmes rougiront de l'avoir encensé ; et que l'Europe réunie le fera disparoître de dessus la surface du globe que son existence a souillé.

---

### *Aux Mânes de Son Altesse Sérénisme Monseigneur le Duc d'Enghien, Prince du Sang.*

O ! noble et généreux d'Enghien ! Prince si chéri ! Prince si digne de l'être ! héros avant l'âge de quinze ans ! l'honneur de la noblesse Françoise, unique rejeton de cette illustre maison, de tous les temps, si féconde en héros, digne petit fils enfin du Grand Condé, l'honneur de son siècle, qu'êtes-vous devenu !....

Vos chers compagnons d'armes, j'ose dire vos amis, vous cherchent partout ! partout ils font retentir les échos de votre nom, qui leur est et restera toujours si cher ! Vous ne répondez point ! Ils ne vous trouvent nulle part ; dans leur profond désespoir, votre ombre seulement se présente encore à leurs yeux étonnés ! Ils s'approchent, croyant vous voir et vous entendre, ils se serrent autour de vous, chacun voulant vous toucher, l'ombre disparoît !....

E

Hélas! vous n'êtes plus!... Tout est fini pour nous! O d'Enghien, qu'allons-nous devenir, la race des Condé se trouve donc éteinte!... et par qui? grand Dieu!.... Mortels reculez d'effroi!.. par cet horrible assassin, qu'on nomme Bonaparte!...La parque cruelle se refuse elle-même avec horreur à terminer le cours d'une si belle vie. Le monstre altéré du sang de ses maîtres, court avec fureur dans une nuit sombre, fuyant l'aspect des humains dont il eut été repoussé, se précipite, arrache de ses mains le fatal ciseau, et lui-même il en coupe le fil!.... telle est l'affreuse destinée de l'espoir un jour de la France!... Quelles sont donc les vicissitudes humaines!....Un jeune héros que dans les combats on eut pris pour le dieu de la guerre, est assassiné par un lâche et vil usurpateur, qui naquit dans la boue!... mais les vautours dévorans, ne vont-ils pas déchirer ce tigre épouvantable!...Les furies vengeresses, ne le poursivront-elles point dans le fond du noir Tartare, où les tourmens recommencent toujours, et ne finissent jamais!

.O! vous, Grand Condé, et vous, Duc de Bourbon, son digne fils, père du héros que nous pleurons! de ce héros dont jamais nous ne cesserons d'arroser la tombe de nos larmes; combien doit être grande votre douleur! Toute âme sensible doit la sentir, nous la sentons. Nous partageons tous l'amertume de cet horrible calice dont votre âme est abreuvée; mais, hélas! c'en est fait!... il n'existe plus!... nous ne le verrons plus.... il est pour toujours dans la sombre demeure!... Les lauriers dont tant de fois son front fut couronné, viennent de se changer en de tristes cyprès; mais son nom restera toujours immortel. Enfin, s'il est ici-bas quelque adoucissement à cette perte irréparable, c'est de voir du moins l'Europe entière la partager. Oui, toutes les Cours vont se couvrir de deuil, signe certain des regrets qu'elles ont d'avoir vu périr d'une manière aussi barbare, un jeune héros qu'elles estimoient, l'ayant vu marcher sur vos traces dans les champs de la victoire. Tous les cabinets sont aussi changés. Ils voyent avec horreur la conduite infâme des lâches bourreaux de ce jeune Prince. La politique va changer aussi. C'étoit peut-être à ce précieux sang du Grand Condé qu'étoit réservé le rétablissement du trône des Bourbons. La victime est assez pure pour oser croire qu'elle seule doit suffire pour apaiser le ciel irrité. Puisse-t-il exaucer nos vœux! Puisse-t-il aussi maintenir à jamais cette superbe Angleterre dans toute sa splendeur! Elle seule a triomphé du tyran farouche qui ravage le monde; elle seule a maintenu le droit des nations; elle seule rétablira notre légitime Roi!

> Les Anglois, enfans de Neptune,
> Avec lui régneront dans l'empire des mers;
> Grands, généreux, protégeant l'infortune,
> Ils donneront l'exemple à l'univers.

**F I N.**

De l'Imprimerie de Cox, Fils, et Baylis, No. 75, Great Queen-Street, Lincoln's-Inn Fields, à Londres.

www.ingramcontent.com/pod-product-compliance
Lightning Source LLC
Chambersburg PA
CBHW051331050726
47595CB00006B/2303